Christine Gall

Weihnachtsbasteln mit Kindern

ENGLISCH VERLAG

Die Deutsche Bibliothek - CIP-Einheitsaufnahme
Weihnachtsbasteln mit Kindern / Christine Gall. - Wiesbaden: Englisch, 1996
ISBN 3-8241-0681-7

© by F. Englisch GmbH & Co Verlags-KG, Wiesbaden 1996
ISBN 3-8241-0681-7
Alle Rechte vorbehalten. Nachdruck, auch auszugsweise, verboten.
Fotos Peter Wolf
Printed in Germany

Inhaltsverzeichnis

Vorwort

Jedes Jahr schon im November bricht bei uns das weihnachtliche Bastelfieber aus. Dann wird geschnitten und geklebt, was das Zeug hält. Selbst die Kleinsten sind mit Feuereifer bei der Sache.

Aus verschiedenen Materialien lassen sich viele tolle Weihnachtsdekorationen basteln, die als Fenster- oder Christbaumschmuck oder auch als kleine Geschenke Verwendung finden. Einige Materialien erhält man prak-

tisch zum Nulltarif, z.B. leere WC-Rollen und Milchtüten oder Zapfen. Die anderen benötigten Materialien sind preisgünstig im Hobbyfachhandel erhältlich.

Suchen Sie sich zusammen mit Ihren Kindern Ihre Lieblingsmotive aus, und schon kann der Bastelspaß für die ganze Familie beginnen!

Viel Freude dabei wünscht

Christine Gall

Material und Werkzeug

Alle Materialien, die in diesem Buch verwendet werden, sind in jedem Bastelladen erhältlich.

Als Klebstoff eignet sich normaler Alleskleber ohne Lösungsmittel. Außerdem benötigen Sie eine Schere, eine Zackenschere, Stifte, Nadel und Faden, eine Lochzange und einen Tacker.

Die Materialien, die für die einzelnen Motive benötigt werden, werden dort genau bezeichnet.

Übertragen der Vorlagen

Auf dem Vorlagebogen sind die Vorlagen für die in diesem Buch vorgestellten Motive abgedruckt. Sie tragen die gleiche Nummer wie die einzelnen Kapitel, so daß sie leicht wiederzuerkennen sind.

Das ausgewählte Motiv muß vom Vorlagebogen auf das Bastelmaterial übertragen werden. Dazu wird Transparentpapier auf das Motiv gelegt, und die Linien werden nachgefahren. Dann wird das Transparentpapier auf das Bastelmaterial gelegt. Wenn die Linien mit einem Kugelschreiber nachgezogen werden, drücken sich die Umrisse auf das Bastelmaterial durch und können dann ausgeschnitten werden.

Wer ein Motiv mehrmals basteln möchte, fertigt sich am besten eine Schablone aus Pappe an. Dazu wird das Motiv ebenfalls auf Transparentpapier übertragen, ausgeschnitten und auf die Pappe aufgeklebt. Dann wird das Motiv aus Pappe ausgeschnitten. Die fertige Schablone kann nun auf das Bastelmaterial gelegt und mit einem Bleistift umfahren werden.

Weihnachtlicher Fensterschmuck

1. Faltsterne

Material: Metallpapier, Tonpapier oder Glanzpapier in verschiedenen Farben

Ein Kreis in beliebiger Größe wird ausgeschnitten und so gefaltet, daß ein Achtelkreis entsteht. Am oberen Rand wird aus dem Achtelkreis ein Dreieck herausgeschnitten, rechts und links verschiedene Ornamente. Dann wird der Kreis auseinandergefaltet: Ein schöner Stern ist entstanden. Wer möchte, kann die Ornamente zusätzlich mit Transparentpapier hinterlegen.

7

2. Sterne aus Metallpapier

Material: Metallpapier in verschiedenen Farben

Auf dem Vorlagebogen sind zwei Sternformen in unterschiedlicher Größe abgebildet, die mit Hilfe eines Kopierers noch beliebig vergrößert oder verkleinert werden können.

Die Vorlage wird auf die Metallfolie übertragen und mit Hilfe einer Lochzange mit hübschen Lochmustern verziert. Das macht auch schon den Kleinsten großen Spaß!

Große und kleine Sterne aufeinandergeklebt ergeben einen plastischen Effekt, wenn die Spitzen in verschiedene Richtungen zeigen.

3. Transparente Sterne

Material: Transparentpapier in verschiedenen Farben

Ein ca. 12 x 12 cm großes farbiges Transparentpapier wird wie in der Zeichnung beschrieben gefaltet.

Nun wird ein zweites, gleich großes Transparentpapier in einer anderen Farbe ebenso zu einem Stern gefaltet. Dann werden die beiden Sterne mit etwas Klebstoff versetzt aufeinander festgeklebt.

Viele Sterne in verschiedenen Größen und Farben ergeben einen bunten Fensterschmuck.

- - - - - *falten*
———— *einschneiden*

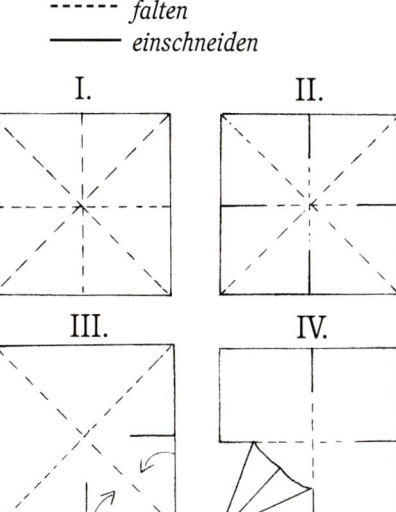

I. II.

III. IV.

4. Nikolaus

Material: roter Fotokarton, weißes Tonpapier, selbstklebende Sterne

Die Grundform wird aus einem Stück roten Fotokarton ausgeschnitten. Auf dieser Form werden die Pelzbesätze aus weißem Tonpapier an Saum und Ärmeln festgeklebt, dann folgen Bart und Bommel.

Zum Schluß werden selbstklebende Sterne auf dem Mantel befestigt, und dem Nikolaus wird ein freundliches Gesicht gemalt.

5. Herz

Material: roter Fotokarton

Das Motiv wird auf roten Fotokarton aufgezeichnet und ausgeschnitten. Der innere Teil wird mit Hilfe von Nadel und rotem Nähgarn am Herz befestigt.

6. Weihnachts-
männer

Material: roter Fotokarton, Watte

Die drei unterschiedlich großen Weihnachtsmänner werden auf roten Fotokarton aufgezeichnet und ausgeschnitten. Aus Watte werden verschieden große Kugeln geformt und als Nasen aufgeklebt.

Dann werden die fertigen Figuren zu einer Reihe zusammengenäht.

Christbaumschmuck

7. Apfel und Herz

Material: Metallpapier in verschiedenen Farben

Die Formen werden vom Vorlagebogen auf Metallpapier übertragen und jeweils dreimal ausgeschnitten. Dann werden sie übereinandergelegt und mit einem Tacker oder einer Heftmaschine in der Mitte aufeinander befestigt. Beim Apfel wird noch ein Blatt dazwischen geschoben. Anschließend werden die einzelnen Teile auseinandergebogen, und oben wird ein Aufhängefaden befestigt.

8. Geflochtene Herzen

Material: rotes und grünes Glanzpapier

Die Herzen werden doppelt gebastelt. Deshalb wird das Glanzpapier gefaltet, so daß es doppelt liegt. Die gestrichelte Linie auf der Vorlage wird an den Falz angelegt. Dann wird das Muster in je-der Farbe einmal ausgeschnitten. Reihe um Reihe werden die beiden Teile miteinander verflochten, so daß ein Herz entsteht.

Zum Schluß wird ein ca. 1 cm breiter Streifen ausgeschnitten und als Henkel am Herz befestigt.

9. Drehfiguren

Material: roter, grüner und orangefarbener Fotokarton, rotes Schleifenband, Watte

Alle Motive werden doppelt ausgeschnitten und aufeinandergelegt. Mit einem Tacker oder einer Heftmaschinen werden sie aufeinander befestigt und auseinandergebogen. Dann werden die Motive zu einer Reihe zusammengenäht.

An der Mütze wird etwas Watte als Bommel befestigt, und der Sack wird mit einem kleinen Stück Band zugebunden.

10. Glocken

Material: 2 kleine Tontöpfe, Lackfarbe, selbstklebende Sterne, 4 Holzperlen, rotes Schleifenband

Zwei kleine Tontöpfe (Gärtnereibedarf) werden mit Lackfarbe bemalt. Wenn der Lack trocken ist, werden die selbstklebenden Sternchen aufgebracht.

Das Schleifenband wird durch die beiden Tontöpfe gezogen. Dann werden an den Enden des Schleifenbandes in einem Abstand von ca. 2 cm jeweils zwei Holzperlen festgeknotet. Oberhalb der Tontöpfe werden noch zwei Schleifen befestigt.

AS.

AS.

Kleine Geschenke

11. Nikolausstiefel

Material: roter, weißer und blauer Filz

Der rote Stiefel wird aus Filz zweimal ausgeschnitten, am besten mit einer Zackenschere, das sieht am schönsten aus. An den Rändern wird ein Stiefel

mit etwas Klebstoff bestrichen und auf dem anderen Stiefel befestigt.

Zum Schluß wird er mit einem Pelzrand und vielen Schneekristallen verziert.

12. Pflanzenstecker

Material: Wattekugel (Ø 4 cm), rot-weiß gestreifter Strickschlauch (1,5 cm breit), schwarzes Tonpapier, Pfeifenreiniger, Watte, Holzstab (z.B. Schaschlikspieß)

Die Wattekugel wird auf dem Holzstab befestigt. Aus einem 15 x 2,5 cm großen Stück schwarzen Tonpapier wird ein Ring zusammengeklebt, auf dem ein 5 x 5 cm großes Stück Tonpapier befestigt wird. Dieser lustige Hut wird auf der Wattekugel festgeklebt.

Aus Watte wird eine Kugel geformt, die als Bommel oben auf dem Hut befestigt wird. Ein lustiges Gesicht wird auf die Kugel gemalt und ein Stück roter Pfeifenreiniger als Nase befestigt. Zum Schluß wird ein rotweißgestreifter Strickschlauch als Schal um den Holzspieß gebunden.

Der lustige Schneemann kann mit Hilfe des Holzstabs ganz leicht in ein Adventsgesteck oder einen Blumenstrauß eingearbeitet werden.

13. Weihnachtskarten

Tannenbaum
Material: roter Fotokarton, weißer Zeichenkarton, grünes, gelbes und rotes Tonpapier

Aus dem roten Fotokarton wird ein 10 x 15 cm großes Rechteck ausgeschnitten. Auf dieses wird ein 8 x 10 cm großes Stück Zeichenkarton geklebt. Darauf wird der grüne Tannenbaum befestigt, der mit bunten Locherpunkten und einem Stern dekoriert wird.

Nikolaus
Material: weißer Zeichenkarton, schwarzes, weißes, rosafarbenes und rotes Tonpapier

Aus dem weißen Karton wird ein 20 x 28 cm großes Rechteck ausgeschnitten und in der Mitte gefaltet. Dann werden alle Einzelteile von dem Gesicht ausgeschnitten. Zuerst wird der rote Schal von hinten an das Gesicht geklebt, dann die Haare auf den Kopf und auf die Haare die Mütze. Zum Schluß werden Pelzkante und Bommel auf der Mütze befestigt und das Gesicht mit Filzstiften aufgemalt.

19

14. Kerzenmanschetten

Material: roter Fotokarton

Das Motiv wird vom Vorlagebogen auf roten Fotokarton übertragen und ausgeschnitten. An den gestrichelten Lini-

en werden die Tannenbäume bzw. die Herzen nach unten umgefaltet. Je nach Kerze, für die die Manschette gebastelt werden soll, kann der Innenausschnitt vergrößert oder verkleinert werden.

15. Tischlaternen

Material: roter Fotokarton, grünes Transparentpapier

Das Motiv wird vom Vorlagebogen jeweils zweimal auf den Fotokarton übertragen und ausgeschnitten. Dabei ist zu beachten, daß der Fotokarton doppelt liegt und die gestrichelte Linie der Vorlage mit der Falzkante übereinstimmt.

Dann werden die Laternen zusammengeklebt. Dazu werden die Klebekanten an den gestrichelten Linien nach hinten gefaltet.

Mit einem Teelicht werden die Laternen zum Leuchten gebracht. Besonders schön sieht es aus, wenn die ausgeschnittenen Ornamente mit farbigem Transparentpapier hinterklebt werden.

16. Windlicht

Material: leerer Milchkarton, grünes Seidenpapier, selbstklebende Sterne, Goldkordel

Ein sorgfältig ausgewaschener Milchkarton wird rundherum mit Seidenpapier beklebt. Dann wird in jede Seite ein „Fenster" geschnitten, das nach oben geklappt wird. Die obere Öffnung des Milchkartons wird mit Hilfe eines Tackers wieder verschlossen. Zum Aufhängen wird eine Kordel durch den oberen Rand gezogen. Zum Schluß wird das Windlicht mit selbstklebenden Sternen verziert.

Achtung: Wenn das Windlicht mit einem Teelicht beleuchtet werden soll, muß ein 1-l-Milchkarton verwendet werden, damit keine Brandgefahr besteht.

Weihnachtliches Allerlei

17. Adventskranz

Material: Styroporring (Ø 17 cm), 4 Wattekugeln (Ø 2,5 cm), graurot gestreifter Strickschlauch (3 cm breit, 20 cm lang), rotes Schleifenband, grünes Kreppband (ca. 5 cm breit), 4 Zahnstocher

Der Kranz wird mit grünem Kreppband umwickelt. Das Ende des Kreppbandes wird festgeklebt. Die Wattekugeln werden auf den Zahnstochern befestigt und in gleichmäßigem Abstand in den Kranz gesteckt. Der Strickschlauch wird in vier gleich große Stück zerteilt, aus denen Mützen genäht werden. Dazu werden die Ränder der Strickschläuche nach innen umgeschlagen und oben zusammengenäht. Die Mützen werden auf den Wattekugeln befestigt.

Dann werden mit Filzstift Gesichter auf die Kugeln gemalt. Um die Holzstäbchen zu verdecken, bekommt jeder Kopf eine Schleife um den Hals gelegt.

18.
Schneemannfamilie

Material: Wattekugeln (1 x 5,5 cm Ø, 3 x 4 cm Ø, 2 x 2,5 cm Ø), roter und weißer Pfeifenreiniger, Wackelaugen, roter Strickschlauch (3 cm breit), grauer Strickschlauch (4 cm breit), schwarzes Tonpapier

Jeweils eine größere und eine kleinere Wattekugel werden zusammengeklebt. Aus den Strickschläuchen werden Mützen genäht, indem die Ränder nach innen umgeschlagen und oben zusammengenäht werden. Aus dem schwarzen Tonpapier wird ein Hut gebastelt. Dazu wird ein Kreis mit einem Durchmesser von 3,5 cm und ein Rechteck mit den Maßen 9 x 2 cm ausgeschnitten. Das Rechteck wird zu einem Ring geklebt und auf dem Kreis befestigt. In den Hut wird etwas Watte geklebt.

Nun werden die Mützen bzw. der Hut auf den Köpfen befestigt. Die Wackelaugen werden aufgeklebt, und mit Filzstift werden Knöpfe und Münder aufgemalt.

Als Nasen werden Pfeifenreiniger befestigt. Als Arme können weiße Pfeifenreiniger verwendet werden.

19. Figuren aus Zapfen

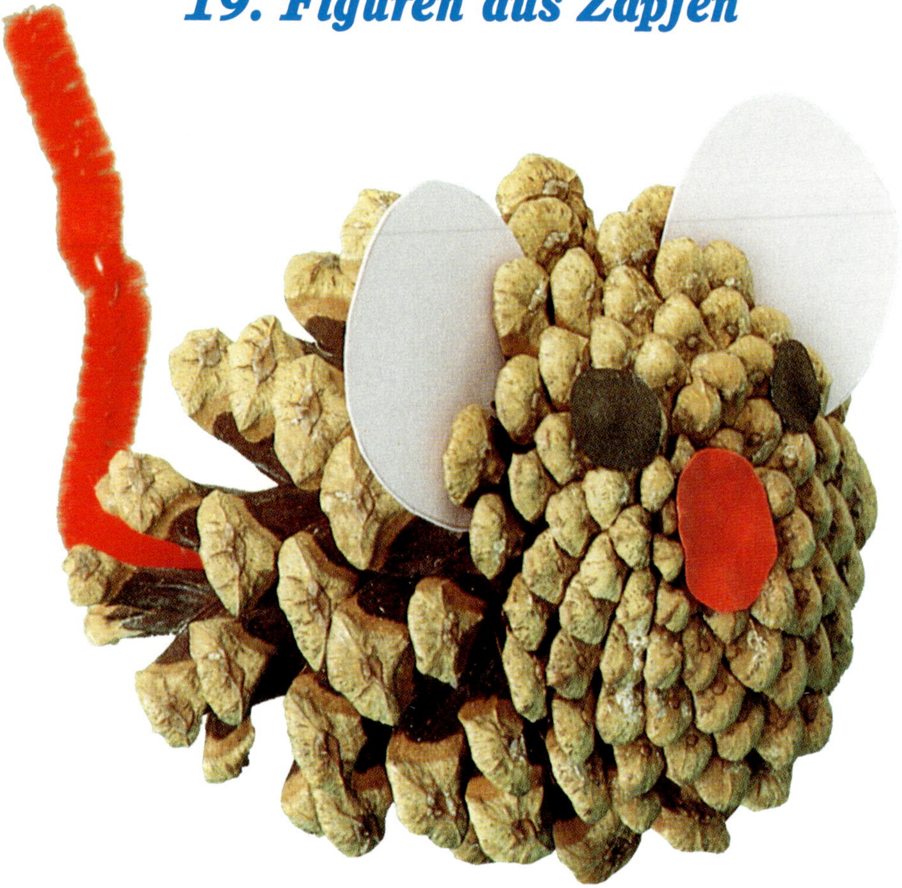

Material: 3 Kiefernzapfen, roter Strickschlauch (4 cm breit), rotgraugestreifter Strickschlauch (4 cm breit), Watte, Pfeifenreiniger, Tonpapier in verschiedenen Farben

Zapfenmaus

Für Augen, Ohren und Nase werden unterschiedlich große Kreise aus verschiedenfarbigem Tonpapier ausgeschnitten (Die Größe richtet sich nach der Größe der Zapfen.) und auf den Zapfen geklebt.

Ein Stückchen Pfeifenreiniger wird spiralförmig aufgedreht und hinten als Schwanz befestigt.

Zapfenwichtel

Auch beim Wichtel werden für Augen und Mund Kreise aus Tonpapier ausgeschnitten und aufgeklebt. Aus dem Strickschlauch wird die Mütze genäht, indem die Ränder nach innen umgeschlagen und oben zusammengenäht werden.

Als Bommel wird etwas Watte zu einer Kugel geformt und eingeklebt. Dann wird die Mütze auf dem Zapfen befestigt.

Nikolaus
Augen und Nase von diesem Nikolaus bestehen aus bemalten Locherpunkten.

Aus viel Watte bekommt er einen prächtigen Rauschebart. Die Mütze wird genauso gebastelt wie die vom Zapfenwichtel, allerdings ist sie viel länger, eine richtige Zipfelmütze.

20. Schneemann und Nikolaus

Aus leeren WC-Rollen lassen sich preiswert und ganz einfach lustige Figuren basteln. Vielleicht haben Sie oder Ihre Kinder noch andere gute Ideen?

Schneemann
Material: leere WC-Rolle, weiße Plakafarbe, schwarzer Strickschlauch (7 cm breit), Wattekugel (5,5 cm Ø), rotes Schleifenband, Watte

Eine leere WC-Rolle wird mit weißer Plakafarbe angemalt. Dann wird die Wattekugel oben darauf befestigt. Aus einem Stück schwarzen Strickschlauch wird eine Mütze genäht, indem beide Ränder nach innen umgeschlagen und die Mütze oben

zusammengenäht wird. Ein Stück Watte wird als Schneeflocke auf der Mütze befestigt. Die Knöpfe und das Gesicht werden aufgemalt, und als Nase wird ein Stück Pfeifenreiniger befestigt. Damit der Schneemann nicht friert, bekommt er ein Stück Schleifenband als Schal um den Hals gelegt.

Nikolaus
Material: leere WC-Rolle, rote und weiße Plakafarbe, rotes Seidenpapier (20 x 20 cm), rotes Schleifenband, Watte

Eine leere WC-Rolle wird mit roter Plakafarbe angemalt. Dann wird das Seidenpapier an den oberen Rand der Rolle geklebt und mit dem Schleifenband zu einer Mütze abgebunden. Das untere, vordere Drittel der Rolle wird mit Klebstoff bestrichen. Darauf wird die Watte als Bart befestigt. Zum Schluß werden Augen und Nase mit Plakafarbe aufgemalt.

21. Kerze und Tannenbaum

Kerze

Material: leere WC-Rolle, rotes Seidenpapier (ca. 4 cm breiter als die Rolle), gelbes Tonpapier

Die WC-Rolle wird mit Seidenpapier beklebt. Das überstehende Papier wird unten in die Rolle eingeklebt und oben etwas zusammengedreht. Aus Tonpapier wird eine Flamme ausgeschnitten und im zusammengedrehten Seidenpapier festgeklebt.

Tannenbaum

Material: leere WC-Rolle, braunes Seidenpapier, grüner Fotokarton

Das braune Seidenpapier wird um die WC-Rolle geklebt und an beiden Seiten nach innen eingeschlagen.
Aus dem Fotokarton wird mit Hilfe der Vorlage auf dem Vorlagebogen der Tannenbaum zweimal ausgeschnitten. Die beiden Bäume werden aufeinandergelegt und mit einem Tacker in der Mitte aufeinander befestigt.
Die WC-Rolle wird viermal in gleichmäßigen Abständen eingeschnitten. In den Einschnitten wird der auseinandergefaltete Baum befestigt.
Wenn Stamm und Baum miteinander verbunden wurden, kann der Baum nach Belieben geschmückt werden, z.B. mit Metallfolie oder selbstklebenden Sternen.

22. Winterwald

Material: grüner Fotokarton, Watte

Die Tannenbäume werden mit Hilfe des Vorlagebogens auf den Fotokarton übertragen. Dann werden sie in den verschiedenen Größen je zweimal ausgeschnitten und übereinander gelegt. Mit einem Tacker werden die beiden Bäume aufeinander befestigt und dann auseinandergeklappt. Auf die oberen Äste wird etwas Klebstoff gestrichen und Watte als Schnee befestigt.

23.
Geschmückter Baum

Material: grüner Fotokarton, gelbes, rotes und blaues Tonpapier, selbstklebende Sterne

Aus dem Fotokarton und dem Tonpapier werden mit Hilfe des Vorlagebogens die Grundformen ausgeschnitten. Dann werden Baum und Tüten zusammengeklebt. An den Tüten werden Henkel befestigt, bevor sie an den Baum geklebt werden.

Zusätzlich wird der Baum noch mit selbstklebenden Sternen geschmückt.